BANQUET

EN

L'HONNEUR DE M. E. TOURON

A L'OCCASION

DE SA RÉÉLECTION AU SÉNAT

18 Janvier 1912.

BANQUET

EN

L'HONNEUR DE M. E. TOURON

A L'OCCASION

DE SA RÉÉLECTION AU SÉNAT

Les représentants de nombreux groupes industriels et commerciaux ont tenu à s'associer à leurs collègues textiles pour offrir à M. le Sénateur Touron, à l'occasion de sa réélection au Sénat, un banquet qui a eu lieu aux Galeries des Champs-Elysées, le 18 janvier 1912, à 7 h. 1/2 du soir.

A la droite du Président, M. R. S. Carmichael, avaient pris place :

MM. Touron, *Sénateur.* — Guillain, *Président de l'Union des Industries métallurgiques et minières.* — J. Roche, *Député, ancien ministre.* — Paul Leroy-Beaulieu, *de l'Institut.* — A. Isaac, *Président honoraire de la Chambre de commerce de Lyon, vice-Président de l'Union textile.* — Heurteau, *Délégué général de la Compagnie des chemins de fer de Paris-Orléans, vice-Président du Conseil supérieur du Travail.* — L. Guérin, *Secrétaire général de l'Union textile.* — Berthoulat, *Directeur de « La Liberté », ancien Député.* — De Wendel, *Maître de forges.* — J. Domergue, *Membre du Conseil supérieur du Commerce, de l'Industrie et de l'Agriculture.* — Liesse, *du « Journal des Débats ».* — Ripault, *Secrétaire général du « Journal des Débats ».* — Payen, *de « L'Economiste français ».* — A. Boutet, *Secrétaire général adjoint de l'Union textile.* — R. Lavollée, *Membre de la Société des Agriculteurs de France.* — De Rousiers, *Secrétaire général du Comité des Armateurs de France.* — Gossart, *Président du Syndicat du commerce des blés.* — Dupuis, *vice-Président de la Chambre syndicale du matériel de chemins de fer.* — Jouanny, *Président du Comité central des chambres syndicales.* — Lelarge, *vice-Président de l'Union textile.* — J. Prevet, *Président du groupe des syndicats de l'alimentation.* — C. Berger, *vice-Président*

de l'Union textile. — Manchez, *du « Temps ».* — Mortier, *Président honoraire de la Chambre de commerce de Troyes.* — Chauvin, *Président du
Syndicat des fabricants de papiers de France.* — Gall, *Président de la
Société des carbures métalliques.* — De Peyerimhoff, *Secrétaire général
du Comité central des houillères de France.* — Renard, *Administrateur
délégué de l'Association de l'Industrie et de l'Agriculture françaises.*

A sa gauche avaient pris place :

MM. David-Mennet, *vice-Président de la Chambre de commerce de
Paris.* — Gomel, *Président du conseil d'administration de la Compagnie des chemins de fer de l'Est.* — Dreux, *vice-Président du Comité
des forges de France.* — Comte de Saint-Quentin, *Sénateur, vice-Président de l'Association de l'Industrie et de l'Agriculture.* — Eugène Motte,
Maire de Roubaix, du Syndicat des peigneurs de Roubaix. — F. Hugues,
Président du Syndicat de l'industrie Saint-Quentinoise. — Pralon, *vice-
Président de l'Union des Industries métallurgiques et du Comité des forges
de France.* — Théry, *Directeur de « L'Economiste Européen ».* — Baron
Xavier Reille, *Maître de Forges.* — Moutard, *vice-Président du Syndicat
général de la Bourse de commerce.* — Lehideux, *Président de l'Union
des banquiers de Paris et de province.* — Maurice Frings, *vice-Président
de l'Union textile.* — De Ribes-Christofle, *Membre de la Chambre de
commerce de Paris.* — Cavallier, *Administrateur-directeur général de
la Société des Hauts-fourneaux de Pont-à-Mousson.* — Pinot, *Secrétaire
général de l'Union des industries métallurgiques et minières et du Comité
des forges de France.* — Chedville, *vice-Président de l'Union textile.* —
Pascalis, *vice-Président du Comité central des chambres syndicales.* —
Grandgeorge, *Rapporteur de la Commission des valeurs en douane.* —
Savey, *Président de la Chambre syndicale des constructions métalliques.*
— Despagnat, *vice-Président de la Fédération du bâtiment.* — Proust,
Président du Syndicat du commerce des farines. — Sayous, *Directeur
des études économiques de la Fédération des industriels et des commerçants français.* — Delebart, *Président du Syndicat des filateurs de
Lille.* — A. Pollot, *Président du Syndicat des peigneurs de Tourcoing.*

On remarquait également :

MM. Barbet-Massin, *vice-Président du Syndicat parisien des industries
textiles.* — Baudry, Jules Béguin, *du Syndicat de l'industrie Saint-
Quentinoise.* — Berthélemy, *du Syndicat des filateurs de Fourmies.* —
J. Blondeau, *du Syndicat parisien des industries textiles.* — Boussus, *du
Syndicat des filateurs de Fourmies.* — Boutmy, *Maître de forges.* —
Briatte, *du Syndicat de l'industrie Saint-Quentinoise.* — Buissou, *du
Syndicat des engrais.* — Cabrol, *du Syndicat normand de la filature de
coton.* — James Carmichael, *Trésorier du Syndicat picard des industries textiles.* — Cornille, *du Syndicat parisien des industries textiles.*
— Cromback fils, *du Syndicat des filateurs de Fourmies.* — Damez,

Secrétaire de la Société industrielle de Roubaix-Tourcoing. — H. David, *du Syndicat parisien des industries textiles.* — Décaudin, Defrémont, *du Syndicat de l'industrie Saint-Quentinoise.* — Deglas, *du Syndicat parisien des industries textiles.* — A. Delesalle, *Président du Comité français de la filature de coton.* — E. Delesalle, *du Syndicat des filateurs de coton de Lille.* — Deloche, *du Syndicat parisien des industries textiles.* — R. Delombre, *Secrétaire général du Comité central d'études et de défense fiscale.* — Drouin, *du Syndicat des engrais.* — Ducornet Lallemant, *de l'Union des fabricants et façonniers de la région de Fourmies.* — Faure, *Administrateur de la Société des tréfileries du Havre.* — Fourier, *du Syndicat des fabricants de tissus de Picardie.* — Frémaux, *du Syndicat des filateurs de lin, de chanvre et d'étoupes de France.* — Grosclaude, *de l'Association de l'industrie et de l'agriculture françaises.* — J. Guillaumet, *de l'Union des teinturiers et apprêteurs.* — Guillot, *du Syndicat de l'industrie Saint-Quentinoise.* — Javaux, *Administrateur délégué de la Société Gramme.* — Labbé, *de l'Association de l'industrie et de l'agriculture françaises.* — Laederich, *vice-Président du Syndicat cotonnier de l'Est.* — Lefèvre, *du Syndicat parisien des industries textiles.* — Lemarchand, *Président du Syndicat normand du tissage de coton.* — Lesaffre, *Président du Comité des forges du Nord.* — Lesur, *de l'Union des industries métallurgiques et minières.* — Leverdier, Lion, *du Syndicat normand de la filature de coton.* — Lorthiois, *du Syndicat des fabricants de tissus de Picardie.* — Longepied, *de l'Union des teinturiers et apprêteurs.* — Lussigny, *de la Chambre syndicale des batistes et toiles fines.* — Mabire, *du Syndicat normand de la filature de coton.* — Vital Mathiou, *de l'Association de la fabrique lyonnaise.* — Meunier, *du Syndicat général de l'industrie cotonnière française.* — Mesureur, Milius, *Ingénieur en chef de la Compagnie des minerais de fer magnétique de Mokta el Hadid.* — De Nervo, *Administrateur de la Compagnie des minerais de fer magnétique de Mokta el Hadid.* — Pellaumail, *Président du Syndicat des industries textiles de Cholet.* — Pourcel, *Administrateur de la Société métallurgique de Senelle-Maubeuge.* — M. Roy, Savy, *de l'Association de l'industrie et de l'agriculture françaises.* — H. Taine, Taine fils, *du Syndicat de l'industrie Saint-Quentinoise.* — A. Tellier, F. Tellier, *Directeur de l'Union des fabricants et façonniers de Fourmies.* — R. Touron, Trèves, Viallar, *du Syndicat parisien des industries textiles.* — A. Waddington, *du Syndicat normand de la filature de coton.*

Excusés :

MM. Méline, *ancien Ministre, Président de l'Association de l'Industrie et de l'Agriculture françaises.* — Lebon, *ancien Ministre, Président de la Fédération des Industriels et Commerçants français.* — Paul Delombre, *ancien Ministre.* — Alfred Neymarck, *Directeur du Journal « Le Rentier ».* — De Nalèche, *Directeur du « Journal des*

Débats ». — Dervillé, *Président du Conseil d'administration des chemins de fer de P.-L.-M.* — Charles Roux, *Président de la Chambre syndicale des constructeurs de navires.* — Sartiaux, *Ingénieur en chef de l'exploitation de la Compagnie du chemin de fer du Nord.* — Marc, *Président de l'Union de la propriété bâtie de France.* — Forsans, *Président de l'Union des intérêts économiques.* — Baron Cerise, *Président de l'Union syndicale des assureurs à primes fixes.* — Millon, *Président du Comité de l'alimentation parisienne.* — De Paloméra, *Président de la Confédération des groupes commerciaux et industriels de France.* — S. Vancauwenberghe, *Président du Conseil général du Nord, vice-Président du Syndicat du jute.* — Villemin, *Président de la Fédération du bâtiment.* — H. Bourdel, *vice-Président de l'Alliance syndicale, Secrétaire général de l'Union des maîtres-imprimeurs de France.* — Argoud, *de la Chambre syndicale des tissus de Saint-Etienne.* — Bidault, *des Syndicats normands de la filature et du tissage de coton.* — F. Bonnier, *Président de la chambre de commerce de Vienne.* — Bosch-Stein, *Président du Syndicat général de la corderie de France.* — Cherblanc, *de la Chambre syndicale de la fabrique de Tarare.* — J. Cromback, *Président du Syndicat des filateurs de Fourmies.* — Dauphin, *Président du Syndicat picard des industries textiles.* — G. Douine, *de la Chambre syndicale des fabricants de bonneterie.* — G. Drin, *Président de la Chambre syndicale de la teinture de Paris.* — Dupetit, *du Syndicat picard des industries textiles.* — Charles Duplay, *Président de l'Union des marchands de soie de Saint-Etienne.* — Duvillier-Motte, *Président du Syndicat des filateurs de coton de Roubaix-Tourcoing.* — Geslain-Mallet, *Président de la Chambre syndicale des fabricants de bonneterie de Falaise.* — Gronnier, *du Syndicat de l'industrie Saint-Quentinoise.* — Guillemin, *du Syndicat normand de la filature de coton.* — Hembert, *de l'Association des fabricants de dentelles.* — Hubault, *du Syndicat picard des industries textiles.* — Huet, *Président de la Chambre syndicale des fabricants de toiles.* — Juillard-Hartmann, *Président du Syndicat cotonnier de l'Est.* — Kempf, *Président du Syndicat des batistes et toiles fines.* — Lavoye, *Administrateur délégué de l'Association des fabricants de dentelles.* — G. Lemaitre, *Président de la Chambre de commerce de Bolbec.* — J. Legrand, *du Syndicat des filateurs de coton de Roubaix-Tourcoing.* — Mathon, *du Syndicat des fabricants de Roubaix-Tourcoing.* — Moritz, *du Syndicat parisien des industries textiles.* — Morel, *du Syndicat de l'industrie Saint-Quentinoise.* — Albert Motte, *Président de l'Union des teinturiers et apprêteurs.* — Motte-Wattine, *du Syndicat des fabricants de Roubaix-Tourcoing.* — J. Obin, *Président du Syndicat des teinturiers en toiles de Lille.* — J.-B. Pey, *de l'Association de la fabrique lyonnaise.* — Poiret, *du Syndicat parisien des industries textiles.* — A. Prouvost, *Président du Syndicat des peigneurs de laines de Roubaix.* — A. Rousseau, *du Syndicat des peigneurs de laines de Roubaix.* — Tugot, *de la Chambre syndicale de la teinture et des apprêts.* — J. Wibaux, *Président du Syndicat des fabricants de Roubaix-Tourcoing,* etc.

Nous aurions vivement désiré pouvoir reproduire les lettres de sympathie qui nous ont été adressées par ceux des amis de M. Touron, dont nous venons de citer les noms et qui, pour des raisons indépendantes de leurs volontés n'avaient pu assister au banquet.

Leur nombre ne nous permet pas de les publier toutes. Nous tenons toutefois à détacher des lettres de M. J. Méline, Président de l'Association de l'Industrie et de l'Agriculture et de M. le Président de la Chambre de commerce de Paris, les passages suivants :

Mon cher Monsieur Carmichael,

. . . .

Je n'ai pas besoin de vous dire combien je serais heureux de me joindre à vous et aux nombreux amis de M. Touron venus pour l'acclamer. Je suis malheureusement, comme je vous l'ai fait savoir, dans l'impossibilité absolue de manquer à un engagement que j'ai pris pour le 18 janvier et je me vois forcé de m'excuser auprès de vous et de vous exprimer mon vif regret de ne pouvoir prendre part à la manifestation que vous avez organisée ; croyez bien que je serai de cœur avec vous pour témoigner notre reconnaissance à un des hommes qui ont le plus et le mieux travaillé à la prospérité de la France.

. . . .

J. MÉLINE,
Sénateur,

Mon cher Sénateur.

. . . .

J'aurais été particulièrement heureux, au nom de tous nos collègues, *les présidents des Chambres de commerce de France,* en vous réitérant mes félicitations, de vous dire toute notre reconnaissance pour les services que vous avez rendus au travail national dans toutes les questions industrielles, commerciales, sociales, fiscales et de vous dire aussi tout l'espoir que nous plaçons en vous pour l'avenir.

CH. LEGRAND,
Président de la Chambre de commerce de Paris.

Au dessert, de nombreux toasts ont été portés. M. R. S. Carmichael a pris le premier la parole :

Messieurs,

J'avoue que je serais extrêmement confus d'occuper cette place dans une réunion aussi mémorable, entouré, je puis bien le dire, de l'élite de l'industrie française, si je ne savais, à l'avance, la confiance que m'accordent la grande majorité d'entre vous. Nous sommes nombreux, maintenant, à nous gendarmer contre ce paradoxe néfaste qui veut que ce soient ceux-là mêmes qui développent le plus la richesse du pays et lui procurent toutes les ressources nécessaires au progrès qui sont le moins consultés, même dans les questions dont leur avenir peut dépendre, chaque fois qu'il s'agit de l'intérêt public. (*Très bien! Applaudissements.*) Aussi, semble-t-il, Messieurs, qu'il conviendrait, ce soir, de dégager le sens de cette fête. Vous êtes sorti du Sénat, mon cher M. Touron, après de rudes et vaillantes discussions, après des luttes mémorables qui vous ont fait dans cette haute assemblée une place remarquable, pour aller demander votre réélection à votre collège électoral. Nous vous avons suivi avec beaucoup d'anxiété ; mais lorsque nous vous avons vu déployer votre drapeau tout entier, avec cette crânerie que nous connaissons tous et derrière laquelle il y a une franchise, un courage, une loyauté si profonde, nous avons été rassurés. (*Applaudissements.*)

Votre programme peut tenir en trois articles :

Chacun et chaque chose à sa place légitime ;

Respect des libertés et des initiatives individuelles ;

Et enfin, souci prédominant de l'intérêt général ;

Ce sont des principes tutélaires que nous vous voyons appliquer depuis bien des années et nous n'avons pas été étonnés de vous les voir proclamer, dans leur ampleur, devant le collège électoral.

Plus heureux que beaucoup d'éminents et de bons serviteurs de la même cause, — et nous prétendons n'en oublier aucun ce soir, — vous avez eu cette bonne fortune de trouver un collège électoral qui a eu l'intelligence de vous renvoyer au Sénat avec un crédit nouveau de grande envergure (*Vifs applaudissements*).

Votre élection, votre succès ont dépassé les confins de votre département. La presse — celle qui se respecte — avec les revues économiques, ces gardiennes vigilantes des grandeurs françaises, vous a loué à l'envi, pendant que dans les milieux auxquels vous appartenez, — je voudrais bien, mon cher ami, que vous ne l'ignoriez pas, — il y a eu une émotion et une joie considérables, à la suite de cet événement, se traduisant par des conciliabules qui ont abouti à la fête de ce soir.

Je présentais mes vœux, l'après-midi même de votre élection, à notre commun et éminent ami, M. Guillain, et, avec ce bon sourire que nous lui connaissons tous, qui n'est certes pas exempt d'une grande finesse, il avait l'air de me dire : « Mais enfin, cette fois, allez-vous accaparer encore Touron pour les textiles tout seuls ? » (*Rires.*) Le lendemain matin, avant huit heures et demie, je recevais des communications téléphoniques des grands groupements, en dehors de la métallurgie, et le message était le même : « Nous serons de la fête qui sera donnée à M. Touron. Faites vite et faites très bien. » (*Vifs applaudissements.*)

Cette spontanéité, cet ensemble vous honorent grandement et c'est avec grand plaisir que, pour ma part, je vois s'associer à la fête de ce soir les grandes unions syndicales patronales dont la solidarité est un gage d'avenir très réconfortant. (*Vifs applaudissements.*) Que M. Guillain se rassure : sans doute vous êtes textile par toutes les fibres de votre être et nous savons que votre cœur nous restera fidèle; mais comme il est généreux et vaillant, ce cœur, nous ne voyons aucun inconvénient à ce que vous vous livriez à de grands « flirts » dans tous les milieux, parce que nous savons très bien que vous y travaillerez pour l'intérêt général que nous avons tous à cœur de défendre ici. Je voudrais profiter de l'occasion pour dire merci à vous tous qui avez su grouper ce qu'il y a de meilleur dans nos diverses activités industrielles, qui avez constitué des organismes d'une utilité incontestable, plus sûrement documentés que les ministères spéciaux. Mais si nous avons avec nous des secrétaires d'un dévouement et d'une intelligence tout à fait remarquables, qui, ils le savent, ont toute notre affection, il faut, pour compléter ces organismes excellents, que nous soutenions vigoureusement cet autre organe que nous avons créé ensemble et qui s'appelle le « Comité de défense ». Ce Comité de défense n'est pas fait pour réaliser des travaux académiques, au contraire; son but est d'aller dans les grands centres, organiser des réunions populaires où nous crierons à pleins poumons, comme à la salle Wagram : « Sus à l'inquisition dans les intérêts privés ! » où nous crierons encore plus fort : « Sus à l'étatisme ! » qui n'est même pas capable de se faire respecter par son personnel, malgré la toute-puissance de la chose publique ! (*Applaudissements.*) Sus à cet étatisme qui stérilise tout ce qu'il touche, et qui a l'incroyable prétention de vouloir couper les ailes à l'initiative individuelle qui a été, dans tous les temps et dans tous les domaines, la source intarissable de tous les progrès, de tous les relèvements ! (*Nouveaux et vifs applaudissements.*)

Cette constatation serait puérile si, derrière, il n'y avait le plus grave péril pour nos activités nationales, alors que les progrès de nos rivaux, en matière de transports surtout, sont formidables.

Nous avons des outils excellents : il faut nous en servir avec la modération qui est le grand honneur du patronat français, mais avec la mâle vigueur qui convient aux initiatives vivantes, légitimes et permanentes.

Messieurs, nous buvons donc ce soir à deux choses : d'abord au triomphe de notre éminent sénateur, et aussi à la solidarité acquise de nos grandes activités productrices françaises. (*Très bien! Très bien!*) Et si vous vouliez me permettre une illusion, je voudrais croire un moment que nous sommes ici dans une assemblée générale et dès lors vous proposer un vote singulier : que tous ceux qui sont d'avis que je ne doive pas donner l'accolade à M. le Sénateur, en leur nom, veuillent bien lever la main. (*Rires.*) Regardez donc, mon cher Touron, pas une main ne s'est levée : C'est un mandat impératif ! L'accolade que je vous offre signifie reconnaissance profonde pour les éminents services que vous avez rendus et grande espérance de succès futurs dans les batailles que nous aurons encore à livrer, vous et nous. (*Applaudissements vifs et prolongés.*)

Nous avons l'intention, — avec ou sans votre permission, c'est le droit de l'amitié reconnaissante, — de placer dans votre demeure un souvenir artistique qui rappellera à votre cher fils, ici présent, à tous les vôtres, à vos petits-enfants que je voyais trottiner l'autre jour dans votre maison, la profonde affection et la vive admiration qui vous entourent ce soir. Seulement, — je ne veux pas faire un mauvais jeu de mots, — il vous faudra « poser » pour de bon, mon cher ami, chez le peintre Gabriel Ferrier, qui a reproduit avec talent les traits d'un si grand nombre de notabilités.

Messieurs, il me reste à remercier les personnalités éminentes qui ont bien voulu s'associer à nous ce soir pour fêter M. Touron. Dans le groupe des économistes qui, par la plume ont servi si brillamment et si généreusement nos idées — celles de la raison — depuis tant d'années, je vois ici : M. Paul Leroy-Beaulieu, M. J. Roche, M. Liesse, M. Neymarck, M. Manchez, M. Sayous, mes vieux amis Domergue et Théry, qu'on me pardonne si je fais des omissions : on est un peu ému ce soir !

Je dois remercier aussi la grande presse et tout d'abord M. Delombre, du journal *Le Temps*, qui, empêché par une indisposition, m'a écrit, tout à l'heure, un mot tout à fait charmant ; puis *Le Journal des Débats*, représenté ici par M. Ripault, qui représente lui-même M. de Nalèche, je ne saurais assez répéter combien nous leur sommes reconnaissants des services éminents et précieux qu'ils ont toujours rendus aux idées que nous défendons ici. Je suis également heureux de saluer M. Berthoulat, directeur de *La Liberté*.

Je n'en finirais pas si je vous parlais des excuses reçues, entre autres de personnalités éminentes, qui figureront au compte rendu. Il y a un épais dossier qui vous sera remis, mon cher sénateur, et je suis certain que vous en prendrez connaissance avec un vif plaisir, mais non sans émotion.

Nous pensons entendre maintenant MM. Guillain, Paul Leroy-Beaulieu, Heurteau, notre ami Eugène Motte et enfin M. Hugues qui a déclaré que le département de l'Aisne avait bien le droit de dire son mot ici.

Je regrette profondément un malentendu qui nous est imputable et qui nous prive de la présence de M. le Président de la Chambre de commerce de Paris. Il m'avait promis de se rendre parmi nous. Non seulement il avait accepté notre invitation, mais il avait, avec beaucoup de bonne grâce, demandé à prendre la parole ce soir.

Messieurs, je lève mon verre à notre éminent ami, M. le sénateur Touron. (*Vifs applaudissements.*)

Dans une charmante improvisation, M. Guillain, Président de l'Union des industries métallurgiques, a répondu en ces termes à l'invitation de M. Carmichael :

Mon cher Président,

Je vous remercie et je remercie l'Union des Industries textiles d'avoir eu l'amicale pensée de faire participer la métallurgie à cette fête de famille qui nous réunit autour de M. Touron, pour le féliciter, pour nous féliciter de sa brillante réélection.

C'est qu'en effet, mon cher Touron, vous n'appartenez pas seulement à l'Industrie textile. Par les éminents services que vous leur avez rendus, vous avez acquis le droit de maîtrise dans toutes les industries françaises. (*Applaudissements.*)

Et ce ne sont pas seulement les industriels, c'est le pays tout entier qui doit vous être reconnaissant de l'action tutélaire que vous avez exercée depuis sept ans, en défendant au Sénat de grands intérêts publics.

Toutes les fois que la puissance industrielle du pays est menacée par quelque proposition parlementaire imprudente, c'est vers vous que se tendent nos mains pour vous prier de veiller et de combattre. Toujours, vous répondez à notre appel.

Et ce qui fait votre force dans les luttes politiques, c'est que jamais, ni dans vos actes, ni dans vos paroles, on ne peut apercevoir une préoccupation de parti ni un mobile d'intérêt de classe. Vous n'êtes pas le défenseur du Patronat, vous êtes le défenseur de l'intérêt national. (*Nouveaux et vifs applaudissements.*)

Vous m'avez demandé tout à l'heure d'être bref, mon cher Touron. Je le serai, car j'aurais à parler trop longtemps, si je devais énumérer tous les services que vous doit le pays, toutes vos interventions heureuses au Sénat, soit pour faire écarter des propositions nuisibles, soit pour obtenir des votes positifs favorables. Je me bornerai donc à rappeler une de vos dernières victoires dans la discussion de la loi sur les retraites ouvrières. C'est à vous que l'on doit l'amélioration de quelques articles essentiels, et notamment la nouvelle rédaction de l'article 23, qui libère le patron de l'obligation qu'on avait voulu d'abord lui imposer, d'être le gendarme de la loi à l'égard de l'ouvrier ; ce faisant, vous avez écarté une cause d'incessants et graves conflits, un véritable péril public. (*Très bien! Applaudissements.*)

Messieurs, pour améliorer le sort des travailleurs, il ne suffit pas de multiplier les interventions de l'Etat, d'édicter des réglementations étroites, de prétendre à mieux répartir les charges publiques par la réforme de l'impôt ; il ne suffit pas de voter des lois d'assurance ou d'assistance. Il faut avant tout, comme le disait tout à l'heure M. Carmichael, alimenter la source des libéralités de l'Etat en développant la richesse publique par le complet épanouissement, dans l'ordre et la liberté, des énergies individuelles ou associées, des industriels, des commerçants et des agriculteurs. (*Très bien! très bien!*)

C'est là le programme politique de M. Touron. C'est en défendant ce programme qu'il a conquis la haute situation morale dont il peut à bon droit être fier, non seulement au Parlement, mais encore dans tout le pays. Au lieu de flatter les passions démagogiques, au lieu de rechercher la popularité dans les surenchères électorales comme tant d'autres, c'est loyalement, à visage découvert, qu'il livre le bon combat pour le bien public, en affirmant hautement ses principes, sans jamais admettre aucune compromission, et ce combat, il le livre avec un entrain, avec une puissance d'argumentation, avec une éloquence persuasive et aussi avec une habileté de tacticien avisé, que récompense heureusement la victoire.

C'est de tout cela que nous le remercions, Messieurs. Je vous demande, au nom de toutes les industries qui sont ici représentées, de lever vos verres en son honneur. (*Vifs applaudissements.*)

M. P. Leroy-Beaulieu, dans un toast très applaudi, a rappelé l'œuvre de M. Touron au Sénat, au point de vue fiscal.

Messieurs,

Monsieur le Président m'a fait l'honneur de me demander de vous adresser quelques paroles ce soir. Je suis dans de très mauvaises conditions pour le faire, ayant la gorge tout à fait prise; mais je ne puis pas, cependant, me dérober à une tâche si honorable et qui me tient tant au cœur.

Je ne connais personnellement M. Touron que depuis dix-huit mois environ. Il me fit l'honneur de venir me consulter — Dieu sait qu'il n'avait pas besoin de consultation, et c'est moi qui aurais pu gagner à ses conseils, — sur une de ces questions dont il s'occupe au Parlement avec tant de talent et de compétence.

Je connaissais, bien entendu, son nom et son œuvre avant sa personne. Depuis une quarantaine d'années je suis un témoin assidu et observateur attentif de toutes les choses législatives, administratives et financières et c'est une occupation qui ne manque pas, parfois, d'imprévu. Eh bien! je crois pouvoir dire que depuis quarante ans je n'ai pas vu un homme qui ait montré, dans l'exercice des fonctions législatives, autant d'indépendance d'esprit, autant de clairvoyance, autant de ténacité que l'a fait M. Touron. (*Vifs applaudissements.*) Je ne pourrais lui comparer qu'un autre homme : car enfin il y a deux Chambres, et il faut être équitable envers chacune d'elles : c'est mon voisin Jules Roche. (*Nouveaux applaudissements.*)

Cette activité de M. Touron a été une activité pleine de succès. Je crois pouvoir dire que c'est à lui qu'est dû le retentissement que subissent depuis quelque temps de grandes lois, qui se réclament d'être des lois philanthropiques, des lois de progrès, de réformes, et qui, somme toute, sont excessivement dangereuses pour l'avenir du pays. C'est à lui qu'est dû le stage, dont nous ne nous plaignons pas, stage dont nous le remercions, que fait, par exemple, l'impôt sur le revenu au Sénat; c'est lui, également, qui s'est trouvé en communion d'idées avec une très grande autorité, la plus haute autorité qui existe en France : la Cour de cassation qui lui a donné pleine et entière raison, dans la fameuse question du précompte.

Donc, Messieurs, M. Touron mérite l'admiration, c'est bien le mot ! — ce n'est pas là un mot de courtoisie, mais un mot que je prononce avec la plus grande sincérité. — de tous ceux qui ont à cœur l'avenir du pays. Et quand, l'autre dimanche, vers les cinq ou six heures, arrivèrent les résultats de l'élection sénatoriale, ma première question quand on me tendait un journal fut celle-ci : Touron est-il nommé ? (*Vifs applaudissements.*) Et j'avoue, Messieurs, que mon amitié, ainsi qu'il arrive souvent, avait des inquiétudes, des perplexités : je me disais que les parlementaires sont, en général, bien fuyants, bien humbles; sans doute, c'est que cela doit les servir et que s'ils montraient un peu de caractère cela leur porterait préjudice !... Eh bien nous avons vu ce spectacle infiniment réconfortant que l'homme qui, dans le Parlement, a montré le plus de caractère, est celui qui a réuni, aux élections sénatoriales, la plus forte majorité. (*Applaudissements.*) Et non seulement il a obtenu une majorité énorme, mais il a eu ce bonheur de faire passer toute sa liste. Et comme je l'ai compris quand il m'a dit : j'ai été plus heureux d'avoir fait passer toute ma liste que de ma propre élection ! Assurément, c'est là non seulement un noble sentiment, mais un sentiment qui répond aux nécessités des choses. Néanmoins, si je me réjouis des élections de l'Aisne, — il m'est bien permis de me réjouir plus particulièrement de votre propre élection, — ma joie a été grande de vous voir arriver en tête de liste. Cela prouve, que parmi vos adversaires, il en est qui, sans rien dire, ont inscrit votre nom sur leurs bulletins de vote parce qu'ils se rendaient compte que vous étiez le défenseur des libertés publiques. (*Très bien! Très bien !*)

Je ne veux pas en dire davantage ; mais je tiens à exprimer aussi mes remerciements à M. Carmichael, au groupement si considérable qu'il préside, aux syndicats textiles, à vous tous, messieurs les industriels et commerçants de France. Il fut un temps où l'on croyait que vous vous laisseriez toujours tondre, que vous supporteriez toutes les avanies. Eh bien ! je l'espère, ce temps est passé. Cela ne veut pas dire qu'il faille se relâcher dans l'effort. Oh ! je sais que, en ce qui concerne M. le sénateur Touron je n'ai pas besoin de lui donner semblable conseil; néanmoins qu'il me permette de lui dire : ne suspendez pas votre vigilance ! Sans doute, l'horizon s'est beaucoup rasséréné et l'avenir nous inspire confiance; néanmoins quand la mer est calme, vous le savez, il faut prévoir qu'il peut survenir des bourrasques. (*Très bien! très bien!*) Il faut donc être vigilant, vigilant ;perpétuellement, vigilant sous tous les gouvernements, sous les gouvernements modérés comme sous les gouvernements tracassiers.

Je tiens, Messieurs, je l'ai dit, à m'associer à vos remerciements et à vos félicitations ; vous tous qui représentez le commerce et l'industrie de la France vous avez le droit de parler haut parce que vous représentez des intérêts considérables, parce qu'en somme vous êtes les défenseurs du bien public. Si vous parlez haut vous pourrez déterminer les pouvoirs publics à entendre votre voix ; vous la ferez entendre au-dessus de ces voix confuses des délégués de comités d'élections, vous pourrez avoir le dernier mot parce que ce ne sont pas vos intérêts propres que vous défendez, mais les intérêts généraux du pays, parce que, enfin, ce que vous demandez est toujours conforme à la justice et à la liberté. (*Applaudissements prolongés.*)

M. Heurteau a tenu ensuite à dire à M. Touron, son collègue du Conseil supérieur du travail, en quelle estime il était tenu dans cette assemblée, où tant de fois son intervention amena des résultats utiles à l'industrie :

Messieurs,

C'est de tout cœur que je viens, au nom des collègues de M. Touron, membres patrons du Conseil supérieur du Travail, m'associer aux félicitations qui viennent de lui être adressées à l'occasion de sa réélection triomphale. A ces félicitations, qu'il me permette de joindre l'expression de notre gratitude. Nous ne saurions, en effet, trop le remercier du courage, de la vigueur, de la persévérance inlassable avec lesquels, au Conseil supérieur du Travail et dans sa Commission permanente, comme à la tribune du Sénat, il défend pied à pied les intérêts du travail national contre les idées d'étatisme, d'interventionnisme et de réglementation à outrance, qui dominent malheureusement dans certains milieux.

Vous savez, mon cher collègue, combien nous admirons votre entrain, votre vaillance, votre éloquence incisive et toujours prête à la riposte. Vous y ajoutez l'autorité que vous donne votre grande expérience de l'industrie et la parfaite connaissance que vous avez toujours de toutes les questions que vous traitez. Mais ce dont nous devons vous savoir le plus de gré, peut-être, c'est du bon exemple que vous nous donnez, l'exemple de la résistance et de la lutte. Vous n'êtes pas de ceux qui se découragent, qui se laissent entraîner par le courant auquel ils désespèrent de pouvoir résister, qui cherchent à se réfugier derrière des transactions et des compromissions ; vous êtes, au contraire, de ceux qui pensent que le meilleur moyen de ne pas être battu est de se battre, que pour bien se défendre il faut attaquer. (*Très bien! très bien!*), qu'il est des principes sur lesquels il n'est pas permis de transiger : ceux de la liberté des contrats et de la liberté du travail. (*Vifs applaudissements.*)

La réponse que les électeurs de l'Aisne viennent de vous faire montre que votre méthode est bonne, que votre voix a été entendue et que, par conséquent, nous aurions tort de désespérer du bon sens de notre pays. Comme le disait tout à l'heure M. Paul Leroy-Beaulieu, ce résultat est bien propre à encourager et réconforter les hésitants et les timides. Avoir fait cette démonstration n'est pas le moindre des services que vous avez rendus à notre cause. (*Applaudissements.*)

C'est dans cette pensée d'admiration pour votre talent et votre caractère, de gratitude pour les services que vous rendez chaque jour, que je lève mon verre en votre honneur. (*Applaudissements.*)

M. Eugène Motte a ensuite porté un toast vibrant et plein de cordialité et d'humour :

Monsieur le Président,

C'est bien à l'improviste que vous m'avez mis sur l'affiche, mais comment résister à votre bonne grâce? Je ne me récuse donc pas. Et je revendique M. Touron, le héros de cette fête, comme l'un des nôtres. Cotonnier peut-être, mais si peu, ce combatif n'est pas en ouate, c'est un lainier, c'est notre chef, je l'inscris en tête de nos contrôles et je m'explique. Oh! ce n'est pas parce qu'il est du département de l'Aisne (*Rires*). Excusez ce mauvais jeu de mots, non, c'est parce qu'en toutes circonstances, et par coups mesurés, et par coups répétés, il donne à point voulu le coup de bélier (*Rires*) et qu'il démolit les méchants ouvrages d'adversaires mal intentionnés ou aveugles. De plus il est de ceux qui n'entendent pas qu'on nous tonde à tous propos, hors de propos. Une fois par an, lors de la chute des feuilles fiscales, c'est bien assez; et lorsque, hors de saison, on veut nous retondre et que même parfois les forces du tondeur, en mauvaises mains, mordent sur la peau, Touron s'ébroue, proteste de la voix et du geste et fait faire demi-tour à tous ces fermiers du fisc (*Rires*). Et par surcroît, nous le revendiquons parce qu'il est le « bon berger ». Il galvanise, il exorcise tout le troupeau de commerçants, d'industriels qui trop longtemps se bornaient à lancer des « bée » lamentables à tous les échos. Touron nous a rendu le sens de la défensive toujours, de l'offensive parfois. Il nous a quelque peu changé en moutons enragés devant les dénis de justice distributive. Oui, vraiment M. Touron est des nôtres, c'est le bon berger! (*Vifs applaudissements.*)

Nous entendons, mon cher sénateur et ami, rester à vos côtés et sous votre houlette. Votre superbe élection nous a ravis. Nul ne s'est mépris. Justice éclatante vous fut rendue. Démenti formel fut appliqué au proverbe et « Vous êtes prophète en votre pays ».

Pourquoi : parce que vous avez « l'âme citoyenne », comme on disait au XVIII° siècle. Toutes les vertus civiques sont votre lot. Quant aux vertus militaires c'est votre nature. Elles sont frappées à votre propre effigie. (*Très bien! très bien!*)

Oui, vous incarnez à nos yeux la vieille et bonne race, le Franc, l'ancêtre, né sur les rives de l'Aisne ou aux confins de Sambre-et-Meuse. Vous êtes le fier Sicambre du seuil de l'histoire de France. Vous êtes notre chef et c'est plaisir et honneur que de servir sous vos ordres. (*Applaudissements vifs et répétés.*)

M. Hugues, Président de la Chambre syndicale de l'industrie Saint-Quentinoise a ensuite pris la parole au nom des industriels et commerçants du département de l'Aisne et prononcé une charmante et chaleureuse allocution :

Messieurs,

Permettez-moi d'apporter une note intime, je dirai presque familiale, dans cette imposante manifestation.

Je n'ai plus l'honneur de représenter au Parlement la ville de Saint-Quentin, mais si je n'ai plus le droit de parler en son nom au point de vue politique, j'ai conscience d'avoir conservé assez l'estime de mes concitoyens, non seulement des industriels qui sont groupés ici autour de nous, mais des commerçants, des bourgeois et de tout au moins une partie des ouvriers, pour être leur interprète dans cette belle fête qui nous réunit en si grand nombre pour féliciter notre compatriote Touron de son succès.

Certes, Touron reste le grand patron et il est trop franc, trop lutteur pour que nous ayons la moindre velléité de diminuer ou de dénaturer son rôle.

Il représente dans l'état économique et social actuel une force nécessaire à l'abri de laquelle la confiance et la sécurité assurent la prospérité du pays et la marche du progrès. (*Applaudissements.*)

Mais cette force saine et loyale engendre aussi un autre sentiment, celui de l'affection. Non seulement l'attachement du personnel de la maison Touron pour son patron est légendaire à Saint-Quentin, mais c'est avec une heureuse fierté que l'ensemble de mes compatriotes le suivent dans sa belle et féconde carrière. Il m'est particulièrement agréable de me faire ici l'écho de cette sympathie, d'autant plus précieuse qu'elle vient du pays natal, et de lever mon verre en l'honneur de mon vieil ami d'enfance, le sénateur Touron. (*Vifs applaudissements.*)

M. R. S. Carmichael a donné, au milieu d'applaudissements répétés, la parole au héros de la fête :

DISCOURS DE M. TOURON

Pour vous témoigner toute la gratitude dont déborde mon cœur, il me faudrait, Messieurs, posséder une éloquence que je n'ai pas, faite de tout autre chose que du verbe un peu rude d'un industriel, plus habitué aux discussions d'affaires qu'aux élégances de la langue académique.

Il me faudrait trouver des termes singulièrement éloquents pour dire à chacun de vous, mes chers collègues de l'industrie et du commerce, à nos défenseurs de la grande presse parisienne et de la presse économique et en particulier à mes amis Guillain, Carmichael, Motte, Hugues, Heurteau, comme au doyen de la presse économique, M. Leroy-Beaulieu, qui viennent de traduire en un langage si flatteur pour ma modeste personne la confiance dont vous voulez bien m'honorer, à quel point je suis touché de tant de sympathies, combien je suis confus en ma reconnaissance de la manifestation dont je me vois l'objet de la part des artisans les plus éclairés de la prospérité nationale et des personnalités les plus éminentes parmi les défenseurs du véritable progrès dans l'ordre, le travail et la liberté. (*Applaudissements.*)

Vous me pardonnerez si ma parole reste au-dessous de mes pensées et vous me permettrez de vous dire en toute simplicité que, gardant au plus profond de moi-même l'inoubliable souvenir de cette belle soirée, je ne puis vous offrir, en retour d'aussi précieuses amitiés, que mon courage et mon dévouement mis, dans l'avenir comme dans le passé, au service de l'industrie, du commerce et de l'agriculture. (*Vifs applaudissements.*)

Mais il me faut bien vous avouer, Messieurs, qu'au sentiment de profonde reconnaissance que je m'efforce de vous exprimer se mêle celui de la confusion et de l'étonnement.

Je me demande en vérité ce que le modeste industriel que je suis a bien pu faire pour mériter tant d'éloges et de marques de confiance de la part de ceux au milieu desquels il s'est borné à lutter de son mieux.

Sans doute je sais, Messieurs, que des amis trop bienveillants viennent d'énumérer devant vous les titres qu'ils me trouvent à votre reconnaissance; mais s'il est vrai, Messieurs, que j'aie parfois réussi à arracher quelques concessions aux pouvoirs publics, à opposer à certains moments une sorte de barrage au flot de la démagogie qui nous emportait hier encore, à sauver du naufrage quelques lambeaux de vos libertés et de vos droits de citoyens et de travailleurs, il est encore plus vrai de dire que je dois ces quelques succès, non pas seulement à mes efforts personnels, mais surtout à la force qu'il m'a été donné de puiser dans vos associations, dans vos syndicats, dans vos unions, dans vos Chambres de commerce. (*Applaudissements.*)

Quant à moi, je n'ai été dans la mêlée que l'un de vos champions préférés, champion auquel vous n'avez jamais marchandé, mes chers collègues, ni votre appui, ni votre sympathie dans les luttes parfois acharnées qu'il a soutenues au Parlement ; auquel jamais non plus n'a fait défaut l'appui de cette vaillante phalange de la presse qui défend avec tant d'autorité et de vigueur les principes sur lesquels reposent et notre organisation économique et notre organisation sociale. (*Applaudissements.*)

Voilà, Messieurs, d'où vient le succès. Et pour rendre aujourd'hui à chacun de vous la part qui lui revient dans les victoires communes, il me faudrait citer trop de noms. Vous y passeriez tous, mes chers collègues, et quand bien même je me bornerais à énumérer les noms des présidents de vos syndicats qui m'ont aidé et ceux de leurs dévoués secrétaires qui m'ont documenté, ce pourrait être un peu long, nous risquerions de passer une bonne partie de la nuit dans cette salle. Je vous ferai grâce d'une semblable fatigue.

Je me bornerai à rendre hommage à la vérité en affirmant que les succès que j'ai pu remporter sont dus à la collaboration intime de tous ceux d'entre vous qui n'ont pas craint de ravir à leurs occupations professionnelles une notable partie de leur temps pour la consacrer à la défense et à la sauvegarde des intérêts généraux du pays. (*Vifs applaudissements.*)

Je ne suis parvenu à me découvrir qu'un seul mérite que vous me permettrez de revendiquer sans fausse modestie : c'est celui d'avoir eu le courage de me présenter devant les électeurs tel que j'étais au Parlement : en défenseur de l'industriel, du commerçant, de l'agriculteur, voire même du rentier, sans souci de l'intérêt électoral, uniquement pour faire mon devoir. (*Applaudissements prolongés.*)

Oui, j'ai volontairement couru le risque, que bien peu osent affronter, de m'entendre qualifier de : défenseur de l'exploiteur et de l'infâme capital.

Comme s'il était possible de défendre l'industrie sans défendre à la fois le capital et le travail, le patron et l'ouvrier. Comme si le capital national représentait autre chose que le travail accumulé par les générations qui nous ont précédés, comme s'il avait cessé d'être l'un des éléments nécessaires à la prospérité et au bien-être de la génération présente, comme s'il ne demeurait l'espoir des générations de demain, comme s'il ne devait être enfin, dans l'avenir comme dans le présent, un facteur indispensable à la sauvegarde et à la puissance de la patrie ! (*Nouveaux et vifs applaudissements.*)

Mais si je me permets de faire allusion à mon attitude dans la dernière période électorale, c'est que la victoire que vous fêtez aujourd'hui, celle que nous avons remportée dans l'Aisne, mes amis et moi, m'apparaît comme un symptôme réconfortant. Oh! non pas, Messieurs, parce que je viens d'être réélu, mais parce que cette

victoire montre qu'il est devenu possible en ce pays d'être élu sans
sacrifier à la surenchère électorale... (*Très bien ! très bien ! Vifs applaudissements*), en se montrant tel qu'on est : décidé à étudier les pro-
blèmes qui se posent devant le Parlement, sans souci des clameurs du
dehors, à la lumière de la raison et du bon sens, dans un esprit de
justice absolu ; résolu à subordonner toujours l'intérêt de telle ou telle
catégorie de citoyens, si bruyante soit-elle, à l'intérêt général du pays.
(*Applaudissements.*)

De cette constatation découle tout naturellement un vœu que vous
me permettrez, Messieurs, de formuler ici : c'est de voir bientôt sortir
de vos rangs une pléiade d'hommes décidés à aller renforcer, au Sénat
comme à la Chambre, les défenseurs véritablement par trop clairsemés
de nos industries, de l'agriculture et du commerce français. (*Applaudissements.*)

C'est, pour ma part, en persévérant dans l'attitude que j'ai prise au
Parlement que j'espère me rendre digne du choix des électeurs de
l'Aisne, et que je m'efforcerai de justifier, de mériter les témoignages
de confiance et d'affection que vous voulez bien m'apporter aujour-
d'hui.

C'est en vous remerciant, une fois encore et du fond du cœur,
que je lève mon verre à la cohésion et aux victoires futures de la
grande armée des laborieux de France, dont je ne suis qu'un soldat,
et dont vous êtes, Messieurs, les guides les plus sûrs. (*Salves d'applaudissements.*)

Ainsi s'est terminée cette manifestation qui devait être, tout d'abord,
celle de l'industrie textile et à laquelle se sont associés les représentants
des divers groupes industriels et commerçants que les textiles remer-
cient chaleureusement de cette marque de confraternité dont cette
fête en l'honneur d'un des plus éminents défenseurs de l'industrie,
a été l'occasion.

www.ingramcontent.com/pod-product-compliance
Lightning Source LLC
LaVergne TN
LVHW012159170726
843503LV00009B/4263